B 1245

बरबाद

ये किताब मैं समर्पित करता हूँ, उन तमाम लोगों को जो कोरोना काल
में अपनों को हमेशा हमेशा के लिए खो चुके है।

क्रम-सूची

प्रस्तावना

इस लघु कहानी के जरिये आप पायेंगे अपने आप को, इस दौर के एक ऐसे सामाजिक स्थिति में जहाँ पड़ोस की खबर पड़ोसी को मिलती तो है मगर किसी तीसरे आदमी से। कहानी का मकसद है ऐसे बातों से रूबरू कराना जो के शायद हमारे लिए जरूरी ही नहीं बल्कि बेशकीमती भी होनी चाहिए। पाठकों के दिल में संवेदनाएं तो होती ही है, उन्हीं संवेदनाओं को चिंगारी मिले।

भूमिका

मैं ही नहीं पूरी दूनियां जूझ रही थी, कोरोना काल में। कैसे हम अपने ही घरों में कैद होकर, मौत का मंजर देख रहे थे। कैसे सहूलियत के नाम पर रोजमर्रा के सामान हमको घरों में मिलने लगे थे।

हम पहले भी इतने सामाजिक स्वंतत्र विचार के स्वामी नहीं थे। लेकिन ये अहसास भी मुझे उसी काल में हुआ। जब पड़ोस से लाशें निकाली जा रही थी। और ये आसंमजस्य की सीमा के मैं क्या कर सकता हूँ। यह सब अपने आप में एक ऐसी मानवीय स्थिति का संवाद है जो व्यक्ति खुद से करें तो ही कुछ भला हो। कुछ बातें, हादसें जो व्यक्ति को झकझोर देते है। उन्हीं बातों में से एक बात है, यह किताब और यही मेरी प्रेरणा भी है इस किताब को लिखने के पीछे। खैर ये किताब अब आपके हवाले।

पावती (स्वीकृति)

हमेशा की तरह मैं शुक्रगुज़ार हूँ हिन्दी, उर्दू और अंग्रेज़ी तथा भोजपुरी भाषा का जिन्होंने मुझे मेरी अभिव्यक्ति की आजादी दिलाई है। मैं तहेदिल से शुकिया अता करता हूँ मेरे दोस्त मेरे भाईयों और रिश्तेदारों का जिन्होंने कोरोना काल में भी मुझे अपना हिस्सा माना।

नीतीश भैया, भैया, हनी, पवन इन सबको भी मैं धन्यवाद करता हूँ। मैं एक स्पेशल थैंक्स देता हूँ, अपने देश के न्यायिक अधिकारियों को जिन्होंने ऐसे विपरीत काल में अपने जान की चिंता ना करते हुए, राजी खुशी देशहित में शहीद हो गयें। साथ ही मैं धन्यवाद करता हूँ यू.पी. पोलीस का जिन्होंने इतने मुश्किल वक्त में भी लॉ एंड ऑर्डर बनाये रखने में भरपूर सहयोग दिया।

आमुख

समय से पहले तो कईयों को मौत आ ही जाती है। मगर क्या मौत का समय मौत से पहले आ सकता है? कोराना काल के समाप्त होने के साथ ही b 1245 से निकली तीन लाशें, जिनमें दो बुजुर्ग तथा एक अधेड़ की जिन्दा लाश थी। यह कहानी है गुड़गांव के एक रईस इलाके की। कौन थे वो तीनों लोग, क्या रिश्ता था उनका आपस में, कैसे हुई थी उनकी मौत, क्या उनकी मौत मृत्यु थी या हत्या या साजिश और जिन्दा लाश से क्या मतलब है? आईये जानते है इन सारे सवालों के जवाब एक लघु कथा तथा कुछ शेरों के द्वारा।

1
परिचय

"मिट गया हमको मिटाने वाला मगर

मौत आई तो हमनें भी मौत देखी है"

वैसे तो सारा का सारा गुड़गांव ही रईस इलाका माना जाता है हरियाणा का। मगर ये कहानी जिस घर की है वो गुड़गांव का एक वी आई पी इलाका है।

किताब का शीर्षक ही कहानी के किरदारों का घर, आशियाना, तौर, ठिकाना सबकुछ था। हाँलांकि मैं उनका निकटतम पड़ोसी था मगर दरम्यान बातचीत ना के बराबर ही थी। उनके घर में कुल तीन लोग रहते थे, दो भाई और उनकी माँ। दोनों भाईयों ने किसी कारण वश शादी नहीं की थी। यहीं पता था मुझे। या ठीक ठीक कहें तो मुझे इस विषय पर कोई जानकारी है भी नहीं। एक भाई चार्टेड अकाउंटेंट था और दूसरा भाई किसी जॉब से रिटायर्ड। दोनों भाई शारीरिक रूप से लंबे चौड़े कद काठी के और रंग इतना फेयर के फेयर एंड लवली के ऐड में आसानी से किसी भी मॉडल को मात दे जाये। माँ जो थी, उम्र के पड़ाव के वजह से शारीरिक विकलांग हो चली थी। दिखाई, सुनाई तक नहीं पड़ता था उन्हें। उनका ख्याल दोनों भाई ही रखते थे। और कुछ रिश्तेदार थे, जो सब होने के बाद दिखे थे।

2

घर

कोरोना काल के एक साल पहले ही मैं उनके पड़ोस में रहने आया था याने के वो साल था, 2018। उनका घर एक सिंगल फ्लोर इंडेपेंडेंट घर है। जिसकी बाहरी दीवार पेंट के पुराने हो जाने के वजह मटमैले रंग का ओढ़ ले चुकी थी। मेन गेट के बाहर एक सफेद चार पहिया रक्खा रहता था, जिसका इस्तेमाल सड़क की शोभा बढ़ाने के लिए होता होगा। शायद ही किसी पहिये में बराबर हवा हो। घर और मेन गेट के बीच एक छलांग भर की दूरी है। इस तरह से अगर घर की भौगोलिक स्थिति देखे तो एक चार फीट की बाउँड्री जिसमें एक लोहे का चार फुटिया जालीदार गेट है जो दोनों तरफ, अंदर या बाहर खुलने में सक्षम है। घर की दीवार और गेट के बीच का जो जगह है उसमें सबसे दाहिने किनारे एक जामून का घना पेड़ है, बाकी जगहों में सात आठ गमलें रखे हुए हुआ करते थे। जिनमें सिवाय पत्तों के मैंने कभी कोई फूल नहीं देखा। घर का दरवाजा एक मजबूत लकड़ी का बना हुआ है जिसके ठीक बाद एक और जालीदार दरवाजा है।

सुनने में आया था के नीचे याने ग्राउंड फ्लोर पर एक हॉल, एक कमरा, एक किचन और एक बाथरूम है। फर्स्ट फ्लोर पर दो कमरे और बाथरूम बने हुए है। चूँकि मैं उनके घर कभी नहीं गया था तो मुझे इस बात की भी जानकारी दूसरे लोगों से ही मिली है।

घर के पिछले साइड में यहाँ गुड़गांव अथोरिटी द्वारा एक तय निर्धारित जगह छोड़ने या खाली रखने का नियम है। जिस जगह का इस्तेमाल वो लोग बिल्कुल ही नहीं करते थे। इसी वजह से वहाँ धूल, धब्बों और मकड़ों के जालों ने हथिया रक्खा था। छत या बालकनी का इस्तेमाल, वो लोग शायद ही करते थे। करते भी होंगे तो मैंने कभी नहीं देखा था।

3

संबंध

जैसे दिखता है चौदहवीं का चाँद, कभी कभी मेरे पड़ोसी भी दिख जाते थे। कभी कहीं से आते हुए या कभी कहीं जाते हुए। लेकिन उतनी ही देर तक जितने में सलाम या नमस्ते भी ना हो पाये। ना इंडियन स्टाईल में भौं अप राईट करके पंकज त्रिपाठी टाइप हाल ही पुछ लें।

कोरोना काल में उनका निकलना भी होता था तो अपने घर के दरवाजे तक ही, मेन गेट तक भी नहीं। अच्छा इतनी ज़हमत भी वो इस लिए उठाते थे के कभी गैस वाला आ गया या सब्जी वाला आ गया तो। नहीं तो दोनों गेटों के बीच मैंने देखा था, उनके राशन का सामान, सब्जी पड़े रहते थे। सड़ तक जाते थे। कुछ जरूरी डॉक्यूमेंट, कूरियर भी पड़े रहते थे। और जो कूड़ा वो लोग अंदर से निकालकर बाहर रख जाते थे। उन दिनों कोरोना अपने चरम पर था और उन लोगों ने कोरोना को सीरियसली लिया भी था।

कभी कभी टीवी चलने की आवाज बाहर आ जाती थी तो कभी कभी झिझकने की।

4

सितंबर

सितंबर 2021, हालात सामान्य हो चुके थे, कोरोना का ग्रोथ रेट गिर रहा था।

सब लोग घर से बाहर निकल रहे थे।

मैं भी दिनचर्या में ढलने लगा था।

एक शाम मुझे सी ए साहब अपने दरवाजे पर दिखे तो मैंने सादर प्रणाम करते हुए उनसे हाल पुछा के नमस्ते अंकल कैसे है? उन्होंने सुना मगर कुछ ना कहने को तवज्जों देते हुए कुछ सोच में पड़े और पलटकर अंदर चले गये। मैंने भी सोचा ये तो नॉरमल है इनका। चलो कोई नहीं।

अगले दिन तकरीबन 3 बजे मैं नींद में था तभी मुझे बाहर हलचल सी सुनाई पड़ी मैंने निकलकर देखा तो दो लोग और सी ए साहब के छोटे भाई सी ए साहब को लेटने के अवस्था में एंबुलेंस में लिटा रहे थे। मैं हतप्रभ स्थिति में कल के वाक्ये को याद करने लगा। इतने में एंबुलेंस के खलासी ने कहा शमशान ले चलते है। नहीं तो जगह नहीं मिलेगी। तभी छोटे भाई ने कहा मैं ताला मारकर आता हूँ और वो तीनों लोग एंबुलेंस में बैठकर वहाँ से चले गये।

"मोहल्ले में हुई कानाफूसी
सबने कहा दौरा आया था"

5

परसों

सी ए साहब के दाह संस्कार के अगले दिन शाम को कोई उनके छोटे भाई से मिलने आया था। मैं छत पर टहल रहा था उस समय। तकरीबन एक देढ़ घंटे बाद वह आदमी वापस चला गया।

ठीक उसके अगले दिन मेरे घर की घंटी बजी, दो मीड एज की लड़कियां गेट पर खड़ी थी। मैंने माँ से पुछा क्या? माज़रा है। तो उन्होंने बताया के ये लड़कियाँ खुद को सी ए साहब की भाँजीयाँ बता रही है। छोटे मामू कल से फोन नहीं ऊठा रहे है और अभी गेट भी नहीं खोल रहे है। क्या हम आपके छत के रास्ते छत पर चले जाये?

पहली बार में तो मुझे इतना अजीब लगा के मैंने साफ मना कर दिया। ऐसे कैसे किसी को अपने छत से किसी के छत पर जाने दे। और इनको तो पहले कभी हम लोगों ने देखा तक नहीं है। फिर लगा पता नहीं क्या माज़रा है, बाहर निकलकर देखना होगा। पहले छत से ही देख आता हूँ लेकिन मेरे छत से उनके छत पर कोई पार्कूर वाला बन्दा ही जा सकता है। हम आम लोगों के बस का नहीं होगा ये करना।

बाहर जाकर मैंने उनको ये बात बता दी। उन दो लड़कियों के अलावा एक कपल भी बाहर खड़े थे, जो उन दोनों के माँ पापा लग रहे थे। और साथ ही में मोहल्ले के कई लोग खड़े थे।

मैंने पुछा के आप लोग बताओ, क्या किया जाये? तो किसी ने कहा घंटी बजाते है तो किसी ने कहा आवाज लगाओ तो किसी ने कहा जो

ओल्ड लेडी है उनको पुकारो वो सामने चेयर पर ही बैठी है जो के सामने के खिड़की से दिख भी रहा था। तभी पता चला वो लेडी सुन नहीं सकती है ना बोल सकती है।

घंटी बजाने और आवाज लगाने के अथक प्रयासों के बावजूद भी गेट नहीं खुला। फिर किसी ने कहा, दरवाजा तोड़ देते है। इस पर सहमति बन ही रही थी के किसी ने कह दिया पोलीस को बुला लो। वहीं दरवाजा तोड़ सकती है। उनके सामने ही ये करना उचित भी होगा। फिर 100 पर नम्बर उन्हीं लड़कियों ने बात की।

पोलीस

तकरीबन 5 मिनट में पोलीस की एक कार आई, जिनमें दो पोलीस वाले थे। उन दोनों का कहना था के उनको पहले अपने सीनियर को कॉनफीडेंस में लेना होगा।

तभी वो बन्दा वहाँ आया जो अंकल से एक दिन पहले मिलकर गया था और आते ही बोलने लगा, तोड़ो तोड़ो दरवाजा तोड़ो और इतने में ही पोलीस वालों के सामने दरवाजा तोड़ने के लिए आगे बढ़ गया।

पोलीस वाले ने अपना मोबाइल निकाल लिया वीडियो बनाने के लिए और वीडियो बनाने लगा।

थोड़े ही समय में दरवाजा टूटा, सब अंदर गये और दो चार मिनट बाद पोलीस वाले निकल आये बाहर और फोन पर बात करने लगे। उसके पाँच मिनट बाद चार पोलीस वाले और आये और कुछ खानापूर्ति करने के बाद उन लोगों ने एक एंबुलेंस मँगवाया। अंकल को उसी तरह घर से निकाला गया जैसे सी ए अंकल को निकाला गया था, मरा हुआ।

एंबुलेंस चली गई, कुछ लोग भी चले गये। बाकी जो बचे थे, वो लेडी को अपने साथ ले जाने के लिए रूके थे लेकिन वो लेडी वहाँ से जाने को तैयार नहीं थी। फिर उसे वहाँ से ऊठाकर ले जाया गया। उसने जाते जाते दरवाजे का लकड़ी ऐसे पकड़ा जैसे उसके साथ जबरदस्ती किया जा रहा था।

धीरे धीरे सब लोग चले गये और जाते जाते b 1245 पे ताला लगा गये। और ताला लगा गये मेरे सोच पर, ताकि मैं उसे इस रूप में रख सकूँ सबके सामनें।

समाज

"वाजिब होगा ये कहना के हाल लेते रहो
क्या पता कल को वाजिब लोग ही ना रहे"
मौत तो सबके हादसे ही होते है मगर फिर भी हम लोग खोज खबर नहीं रखते है क्योंकि हम लोग अधिकांश अंहकार में रहते है। हमें लगता है, हमें जरूरत ही नहीं। हमारे आस पास में क्या हो रहा है, हमें क्या मतलब। समाज लोगों से ही बनता है। सोचियेगा।